Luc Chessex Swiss Life

Luc Chessex

Swiss Life

Avant-propos/Vorwort
Charles-Henri Favrod

Payot Lausanne

© Editions Payot Lausanne, 1987
ISBN 2-601-03032-1

Suisse chérie!

En postface de ce livre, Luc Chessex montre son étang et ses poissons rouges, de l'hiver au printemps. Je crois nécessaire, pour expliquer ces images, de reprendre tout d'abord ce qu'il disait dans son livre, *Quand il n'y a plus d'Eldorado,* bilan de son expérience latino-américaine. «De ma vie familiale avec mes parents et mes deux frères, je conserve le souvenir de rapports harmonieux. Ma révolte naquit le jour où je commençai à fréquenter l'école. Je vivais heureux dans mon jardin, élevant une tortue, des grenouilles, quelques salamandres, et j'acceptais difficilement l'idée d'être séparé, six heures chaque jour, de ce monde qui me semblait le plus enviable qui fût. Je sentais que ma mère, bien que ne s'étant pas prononcée à haute voix sur ce sujet, n'était pas ravie à l'idée que son petit dernier fût arraché à cette vie bucolique.»

Mais l'étang ne figure pas seulement dans le livre comme un rappel de l'enfance, au nom de la nostalgie. Il est là pour illustrer une très belle citation d'Alberto Moravia, qui donne son sens à la démarche de Luc Chessex: «La fixité, la vérité, les attitudes appartiennent aux morts; la souplesse, la mobilité, le questionnement permanent, aux vivants.» Sous la glace, la vie frétille et l'emporte jusqu'au nouveau gel qui ne l'abolit pas, mais l'oblitère. Le soleil demeure le suprême recours.

A vingt-cinq ans, Luc Chessex arrive à La Havane. Il est parti après avoir lu, dans *France-Soir,* le reportage de Jean-Paul Sartre, *Ouragan sur le sucre.* Il n'avait eu longtemps de Cuba qu'une vision pittoresque. «Mon père était un fumeur de cigares et les caissons qui les contenaient, une fois vides, m'étaient destinés. Les lithographies, qui les habillaient, dessinaient un pays mystérieux et envoûtant. Outre les inévitables palmiers et les plantureuses indigènes, on y rencontrait aussi des lions patibulaires, des petites maisons au toit de chaume, des fabriques débordantes de roues dentées et, quelquefois même, des Roméo en quête de Juliette.»

CUBA 1961

Luc Chessex va passer quatorze ans en Amérique latine. Son livre, *Quand il n'y a plus d'Eldorado,* résume l'exploration chaleureuse d'un continent et l'exigeante quête de soi. C'est un témoignage mémorable, placé sous le signe d'une remarque de Fidel Castro, qui va bien au-delà de l'idéologie et de la révolution cubaine: «Ils nous marièrent avec le mensonge et nous obligèrent à vivre avec lui; c'est la raison pour laquelle il nous semble que le monde chavire lorsque nous entendons la vérité. Comme s'il ne valait pas la peine que le monde chavire plutôt que de vivre dans le mensonge.»

En 1975, Luc Chessex quitte Cuba. Il retrouve la Suisse et va désormais en chercher la formule, non sans prendre le recul nécessaire que lui vaut une longue enquête en Afrique pour le CICR. Son pays lui paraît terriblement clos, bétonné d'interdits et de refus, fort surtout d'une certitude paralysante: les choses doivent être comme elles sont puisqu'on les y fait ainsi.

CUBA 1963

CUBA 1970

CUBA 1971

COLOMBIA 1971

La Suisse extrapole sa réussite économique et ne se pose en conséquence plus de questions. Elle juge tout d'un regard froid. Elle n'aime pas le désordre, ce qui prolifère et exulte. Elle détruit les herbes folles, elle asphalte, elle aligne. Rien ne doit dépasser, s'exprimer trop, distiller le doute. D'où la fureur de voir le *spray* surgir sur le mur minéralisé du consensus et proclamer soudain l'exigence de la liberté. Surtout cette tentation, terrible, de penser que, seule au monde, la Suisse serait plus belle!

Le constat que dresse Luc Chessex n'est pas désespéré. Il voudrait plus de désir, de complicité, d'imagination, d'imprévu, de folie. L'ordre méticuleux relève toujours de la censure, de la délation et de la mort. Quoi de mieux aligné et régenté qu'un cimetière?

Au fil du livre, Luc Chessex rompt la succession binaire des images par des séquences: l'imprévu du pare-brise et du rétroviseur de sa voiture; le va-et-vient des tramways qui, à défaut de communication, permet l'échange de regards; l'omniprésence des photographes amateurs, photoclubs, photomatons, photosynthèse, photogénéalogie, la quête d'identité à travers la prolifération du banal. Mais tout demeure hermétique dans ces plans-séquence quotidiens. Seule la nuit paraît provoquer une soudaine faille. La lumière a beau demeurer froide, surabondante, le feuillage nocturne y introduit l'imprévu, le mystère, le plaisir. Sans être jamais exubérante, la nature reprend un avantage momentané sur le nivellement et l'ordre général ambiant, instaure des niveaux d'approche différents, provoque d'insolites clivages, laisse entendre qu'il n'y a jamais fatalité de l'ennui, ici comme ailleurs. Mais, hélas, le jour se lève à nouveau, vite aveuglant.

Luc Chessex dit: «La photographie, c'est la vie, la passion de ma vie, le questionnement permanent de la vie. Mon passé dans le tiers monde explique ma recherche d'aujourd'hui. Je ne veux pas d'une Suisse impitoyable, dure, satisfaite, interdite aux nomades, aux marginaux, aux demandeurs d'asile, confinée, condamnée, victime d'un blocus volontaire, réduite au réduit. Sa tradition a été longtemps de sortir d'elle-même, d'échapper à sa fatalité, d'ouvrir des voies, de percer le granit, d'aller au bout du tunnel, de comprendre que l'indifférence et l'intolérance murent et asphyxient. La Suisse ne continuera qu'ouverte.»

C'est pourquoi le livre s'achève sur le jardin de l'enfance, sur le message lumineux de l'étang, sur l'espoir de la fonte des glaces, sur la mobilité qui est la vie, sur le doute qui peut créer le vertige, mais qui est nécessaire à la recherche de la vérité. *I love Switzerland,* Suisse chérie!

CHARLES-HENRI FAVROD
Directeur du Musée de l'Elysée, Lausanne

Geliebte Schweiz!

Am Schluss seines Buches zeigt Luc Chessex seinen Goldfischteich, einmal im Winter, einmal im Frühling. Um diese Bilder zu erklären, scheint es mir angebracht, ein paar Worte aus seinem Buch *Eldorado gibt's nicht mehr* zu wiederholen, der Bilanz seiner lateinamerikanischen Erlebnisse. «Vom Familienleben mit meinen Eltern und meinen beiden Brüdern bleiben mir Erinnerungen an harmonische Beziehungen. Meine Revolte begann am Tag meines Schuleintritts. Bis dahin lebte ich glücklich in meinem Garten, beim Aufziehen einer Schildkröte, einiger Frösche und Salamander. Die Idee, während sechs Stunden am Tag von dieser besten aller Welten getrennt zu sein, war mir schier unerträglich. Ich fühlte, dass auch meine Mutter, obschon sie sich nie dazu äusserte, nicht gerade erfreut darüber war, ihren Jüngsten diesem beschaulichen Leben entrissen zu sehen.»

PUERTO RICO 1972

Der Teich erscheint im Buch jedoch nicht bloss als nostalgische Erinnerung an die Kindheit. Er ist da, um ein schönes Zitat von Alberto Moravia zu illustrieren, das der Suche von Luc Chessex ihren ganzen Sinn gibt: «Die Festigkeit, die Wahrheit und die Förmlichkeit gehören zu den Toten; die Geschmeidigkeit, die Beweglichkeit und das immerwährende Fragen gehören zu den Lebenden.» Unter dem Eis regt sich das Leben und bricht hervor bis zum nächsten Frost, der es nicht besiegt, sondern nur verbirgt. Die Sonne bleibt die letzte Zuflucht.

Mit fünfundzwanzig Jahren trifft Luc Chessex in Havanna ein. Er war abgereist, nachdem er in *France-Soir* die Reportage von Jean-Paul Sartre *Orkan überm Zuckerrohr* gelesen hatte. Lange Zeit hatte er sich von Kuba nur ein malerisches Bild gemacht. «Mein Vater war Zigarrenraucher und die leeren Holzschachteln waren für mich bestimmt. Die aufgedruckten Lithographien erzählten von einem geheimnisvollen, zauberhaften Land. Neben den unvermeidlichen Palmen und üppigen Negerfrauen begegnete man schrecklichen Löwen, strohgedeckten Hütten, Fabriken voller Zahnräder und manchmal sogar einem Romeo auf der Suche nach Julia.»

NICARAGUA 1973

Luc Chessex blieb vierzehn Jahre in Lateinamerika. Sein Buch *Eldorado gibt's nicht mehr* zieht das Fazit einer leidenschaftlichen Entdeckungsreise und einer anspruchsvollen Selbsterforschung. Ein denkwürdiges Zeugnis, gestellt unter eine Aussage von Fidel Castro, die weit über alle Ideologie und die kubanische Revolution hinausweist: «Sie verheirateten uns mit der Lüge und zwangen uns, mit ihr zu leben; deshalb glauben wir, die Welt umstürzen zu sehen, wenn wir die Wahrheit hören. Als wenn es nicht besser wäre, dass die Welt umstürze, anstatt in der Lüge zu leben.»

1975 verlässt Luc Chessex Kuba. Er kehrt in die Schweiz zurück und sucht seither nach einer Formel für dieses Land, nicht ohne vorher durch eine lange Erkundungsreise für das IKRK in Afrika den nötigen Abstand zu gewinnen. Sein Land erscheint ihm fürchterlich verschlossen, voller zementierter Verbote und Widerstände, bestärkt durch die lähmende Überzeugung: die Dinge müssen sein wie sie sind, weil sie so gemacht werden.

TCHAD 1979

SOUDAN 1984

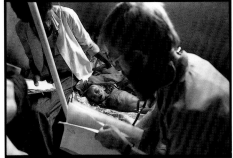
SOUDAN 1984

Die Schweiz extrapoliert ihren wirtschaftlichen Erfolg und stellt sich daher keine Fragen mehr. Sie beurteilt alles mit kalten Blicken. Sie liebt keine Unordnung, nichts was spriesst und überschäumt. Sie merzt das Unkraut aus, asphaltiert und begradigt. Nichts darf hinausragen, sich zu stark bemerkbar machen, Zweifel verursachen. Deshalb die Wut beim Anblick der Spray-Graffitis, die auf den vom Konsens zementierten Mauern plötzlich das Recht auf Freiheit zu fordern wagen. Diese furchtbare Versuchung vor allem, zu denken, dass die Schweiz allein auf der Welt gut und schön sein könne!

Die Bestandesaufnahme von Luc Chessex hat nichts Verzweifeltes. Er möchte mehr Wünsche, Vertrauen, Phantasie, Unvorhergesehenes, Verrücktes. Die peinliche Ordnung verweist immer auf Zensur, Verunglimpfung und Tod. Was ist geordneter und verwalteter als ein Friedhof?

Immer wieder unterbricht Luc Chessex in seinem Buch die Folge einzelner Bilder durch zusammenhängende Sequenzen: das Unerwartete auf der Windschutzscheibe und im Rückspiegel seines Wagens; das Hin und Her der Trams, das wenn schon keine Kommunikation, so wenigstens einige flüchtige Blicke erlaubt; die Allgegenwart der Photoamateure, Photoclubs, Photoautomaten, Photosynthesen, Photogenealogien, die Suche nach Identität durch die Vervielfältigung des Banalen. Aber alles bleibt hermetisch verschlossen in diesen Alltags-Sequenzen. Nur die Nacht scheint plötzlich Risse aufzutun. Selbst von kaltem Kunstlicht angestrahlt, erscheint im Blattwerk unversehens das Ungewohnte, das Geheimnis, das Lustvolle. Ohne zu überborden, siegt die Natur für ein paar Stunden über die Eintönigkeit der allgemeinen Ordnung, eröffnet neue Sichtweisen, provoziert beunruhigende Brüche und gibt zu erkennen, dass die Langeweile hier wie anderswo nicht einfach Schicksal zu sein braucht. Doch ach, wie bald wird alles wieder überblendet vom nächsten Tag.

Luc Chessex sagt: «Die Photographie ist das Leben, die Leidenschaft meines Lebens, das ständige Befragen des Lebens. Meine Vergangenheit in der Dritten Welt erklärt meine heutige Suche. Ich will keine unbarmherzige Schweiz, hart, selbstzufrieden, verboten für Nomaden, Randfiguren, Asylsuchende, eingezäunt, verurteilt, Opfer einer selbstgewollten Blockade, reduziert aufs Réduit. Ihre Tradition war lange Zeit das aus sich Hinausgehen, um ihrem Verhängnis zu entfliehen, um Türen zu öffnen, den Granit zu durchbohren, ans Ende des Tunnels zu gelangen und zu verstehen, dass Gleichgültigkeit und Intoleranz uns zumauern und ersticken. Nur eine offene Schweiz wird weiter bestehen.»

Deshalb endet dieses Buch mit dem Garten der Kindheit, mit der leuchtenden Botschaft des Teiches, der Hoffnung auf das Tauwetter, auf die Regsamkeit des Lebens, auf den Zweifel, der schwindeln macht, aber notwendig ist für die Suche nach der Wahrheit. *I love Switzerland,* geliebte Schweiz!

CHARLES-HENRI FAVROD
Direktor des Musée de l'Elysée, Lausanne

Retour en Suisse

Je suis assis à mon bureau et je regarde cette photographie, faite au mois d'août 1984 à Omdurman, au Soudan.

Je venais alors de terminer un reportage sur le travail du Comité International de la Croix-Rouge. Ce n'était pas le premier: j'avais donc beaucoup vu ce qu'il est convenu d'appeler les horreurs de la guerre, horreurs de la guerre, horreurs de la guerre, horreurs...

J'étais sur le chemin du retour, la tête encore pleine de ces images qu'on aimerait détruire dans sa mémoire.

Comme je devais passer encore deux jours à Khartoum, j'ai accepté d'accompagner quelques délégués à un spectacle de derviches tourneurs.

Là, à Omdurman, la foule s'écarte pour nous laisser accéder au cœur de la célébration.

Je ne vois que vingt visages d'hommes complètement allumés, vingt visages et des pieds agiles qui mènent une folle sarabande.

La lumière est belle, ni éblouissante ni vénéneuse. J'ai devant moi, c'est évident, un bon sujet.

J'entre dans la ronde pour photographier les derviches. Ni agressifs ni cabotins, ils m'intègrent dans leur
danse avec juste ce qu'il faut d'indifférence pour que je me sente bien. Je photographie mais le cœur n'y est pas. J'aimerais être ailleurs, j'aimerais être déjà de retour en Suisse. Pour y découvrir le Gothard que je n'ai jamais vu. Ou une de ces fêtes de lutte que je ne connais que par ouï-dire. Vingt-cinq ans que je cours le monde sans me faire prier. Et voilà qu'aujourd'hui, dans ce désert de banlieue, je me sens aussi dépaysé qu'un géranium sans son pot.

Ma décision est prise: dès demain je rentre en Suisse pour la photographier.

Rückkehr in die Schweiz

Am Schreibtisch sitzend, betrachte ich diese Aufnahme, die im August 1984 in Omdurman, im Sudan entstanden ist.

Damals hatte ich gerade eine Reportage im Auftrag des Internationalen Komitees vom Roten Kreuz abgeschlossen. Es war nicht die erste ihrer Art und ich hatte deshalb übrig genug gesehen von Kriegsgreueln und Kriegsgreueln und Kriegsgreueln...

Auf dem Rückweg hatte ich den Kopf noch immer voll jener Bilder, die man am liebsten aus seiner Erinnerung verbannen möchte.

Da mir noch zwei Tage in Khartum verblieben, hatte ich die Einladung zweier Delegierter zu einer Aufführung von tanzenden Derwischen angenommen.

Hier, in Omdurman, bahnen wir uns einen Weg durch die Menge bis ins Herz der Festvorführung.

Alles was ich sehe, sind zwanzig völlig ekstatische Männergesichter, zwanzig Gesichter und behende Füsse in einem wahnsinnigen Wirbeltanz.

Das Licht ist schön, weder blendend noch stumpf: offenkundig ein ideales Bildsujet.

Ich betrete den Kreis, um die Derwische zu photographieren. Sie lassen mich gewähren, weder abweisend noch aufdringlich, mit gerade soviel Gleichgültigkeit, dass ich mich gut fühle. Ich photographiere, aber das Herz ist nicht dabei. Ich möchte anderswo sein, wieder zurück in der Schweiz. Um den Gotthard zu entdecken, den ich noch nie gesehen habe. Oder eines jener Schwingfeste, die ich nur vom Hörensagen kenne.

Seit zwanzig Jahren reise ich nun kreuz und quer durch die Welt, ohne mich lange bitten zu lassen. Und hier, in dieser Vorstadtwüste, fühle ich mich plötzlich heimatlos wie ein Geranium ohne seinen Topf.

Mein Entschluss ist gefasst: morgen kehre ich in die Schweiz zurück. Um sie zu photographieren.

Des points bleuâtres, une main, puis un numéro 1 qui apparaissent dans une petite fenêtre rouge et ronde: voilà mes premiers souvenirs liés à la photographie. Mon père me faisait complice de son hobby et il me laissait quelquefois charger son appareil. Quelques années plus tard j'ai hérité de mon frère un Brownie qui confondait souvent la pose avec l'instantané. Son successeur, un Righi Box, superposait avec entêtement les images, un film de douze poses durait ainsi les vacances entières... Le troisième, un Agfa, avait un diaphragme à iris et un soufflet plein de mystères. Avec lui, j'ai photographié tous les capitaines des bateaux à vapeur du Léman. D'autres ont suivi, beaucoup d'autres. Mais je n'ai plus jamais vu les petits points, la main et le numéro 1.

Blauschwarze Punkte, eine Hand und dann die Nummer 1 im kleinen roten Rundfenster, das sind meine frühesten Erinnerungen ans Photographieren. Mein Vater machte mich zum Vertrauten seines Hobbys und liess mich manchmal einen Film einlegen. Einige Jahre später erbte ich von meinem Bruder einen Brownie, der beim Einstellen oft ganz unvermutet auslöste. Sein Nachfolger, ein Righi Box, belichtete hartnäckig ein Bild über das andere, so dass ein Film zu zwölf Aufnahmen leicht für die ganzen Ferien reichte... Der dritte, ein Agfa, hatte eine Iris-Blende und einen Balg voller mysteriöser Tücken. Mit ihm porträtierte ich alle Dampfschiffkapitäne des Genfersees. Andere, viele andere folgten nach. Doch nie mehr sah ich die kleinen Punkte, die Hand und die Nummer 1.

33

A sept ans, quand les amis de mes parents m'interrogeaient sur mon avenir, je leur disais que je deviendrais conducteur de tram. Ma mère aurait préféré un fils chanteur d'opéra, chirurgien ou même explorateur. Je crois qu'elle fut très soulagée le jour où ma vocation changea: je serai capitaine de bateau à vapeur! Aujourd'hui je prends le bateau comme je vais nager à la piscine: c'est un peu ennuyeux mais je suis persuadé que cela me fait du bien. On me l'a dit... Le tram c'est le plaisir. J'y monte comme je vais au cinéma, pour m'en mettre plein les yeux.

Mit sieben Jahren, als mich Freunde meiner Eltern über meine Zukunft befragten, sagte ich ihnen, ich wolle Tramführer werden. Meine Mutter hätte ihren Sohn wohl lieber als Opernsänger, Chirurgen oder gar Forschungsreisenden gesehen. Ich glaube, sie war sehr erleichtert, als ich meinen Wunsch eines Tages änderte: Dampfschiffkapitän wollte ich sein! Heute nehme ich das Schiff, wie ich ins Schwimmbad gehe: eher gelangweilt, aber überzeugt, dass es mir gut tun wird. Das Tram, aber, ist ein reines Vergnügen. Ich steige ein, als ginge ich ins Kino, mit weit aufgesperrten Augen.

51

Je crois que le premier jouet que j'ai acheté moi-même était une lampe de poche. La nuit venue, je descendais au jardin. Comme un Securitas faisant sa ronde, je m'approchais des buissons et les éclairais. J'étais très étonné de découvrir un jardin que je ne connaissais pas: la nuit les choses les plus familières deviennent étranges. Plus tard, j'ai pris l'habitude de me promener dans les villes la nuit. La réalité trop connue se met à vaciller, l'œil à nouveau s'étonne, quelque chose peut arriver. «La nuit remue».

Mein erstes selbst gekauftes Spielzeug war, glaube ich, eine Taschenlampe. Nach Einbruch der Nacht ging ich damit in den Garten. Wie ein Securitas-Wächter auf seiner Runde, pirschte ich mich an die Büsche heran und leuchtete hinein. Überrascht entdeckte ich einen völlig unbekannten Garten: bei Nacht wirken die vertrautesten Dinge plötzlich fremd. Später nahm ich die Gewohnheit an, nachts durch die Städte zu gehen. Die allzu bekannte Realität beginnt zu schwanken, das Auge blickt wieder mit Erstaunen, vieles kann geschehen. «Die Nacht wühlt auf».

J'avais huit ans lorsque je suis tombé amoureux de l'auto blanche. Ma mère m'emmenait de temps à autre faire des courses en ville. Un jour, quand je suis entré au Bazar Vaudois, elle était là, d'une blancheur éclatante avec un siège en simili-cuir rouge et des phares qui s'allumaient. Elle coûtait une petite fortune, et jamais je n'ai pensé que mes parents puissent me l'offrir. Mais chaque semaine, quand j'arrivais avec ma mère, Madame Jutzi, la propriétaire du Bazar Vaudois, me permettait de m'installer au volant et de rouler dans l'allée centrale du rayon des jouets.

Acht Jahre war ich alt, als ich mich in das weisse Automobil verliebte. Meine Mutter nahm mich hin und wieder zu Einkäufen mit in die Stadt. Eines Tages, mitten im Bazar Vaudois, stand es vor mir: blendend weiss, mit einem Sitz aus rotem Kunstleder und Scheinwerfern, die sich anzünden liessen. Es kostete ein kleines Vermögen und ich hätte niemals daran denken können, dass meine Eltern es mir schenken würden. Aber jede Woche, wenn ich mit Mutter vorbeikam, erlaubte mir Madame Jutzi, die Besitzerin des Bazar Vaudois, hinters Steuer zu sitzen und im Mittelgang der Spielwarenabteilung auf und ab zu fahren.

La fixité, la vérité, les attitudes appartiennent aux morts;
la souplesse, la mobilité, le questionnement permanent, aux vivants.

Die Festigkeit, die Wahrheit und die Förmlichkeit gehören zu den Toten;
die Geschmeidigkeit, die Beweglichkeit und das immerwährende
Fragen gehören zu den Lebenden.

ALBERTO MORAVIA

LÉGENDES - LEGENDEN

15	PULLY	52	LUGANO
16	GENÈVE	53	ZÜRICH
17	BASEL	54	ZÜRICH
18	SION	55	GENÈVE
19	ROMANSHORN	62	SUSTENPASS
20	PULLY	63	FLÜELEN
21	ZÜRICH	64	LAUSANNE
22	OLTEN	65	ZÜRICH
23	ZÜRICH	66	ZÜRICH
30	GENÈVE-LAUSANNE	67	GENÈVE
31	LAUSANNE	68	LAUSANNE
32	LAUSANNE-FRIBOURG	69	ZÜRICH
33	BASEL	70	ZÜRICH
34	OUCHY	71	LAUSANNE
35	KLOTEN	78	ZÜRICH
36	ZÜRICH	79	ZÜRICH
37	SEMPACH	80	GRINDELWALD
38	OUCHY	81	LAUSANNE
39	GRINDELWALD	82	COL DE JAMAN
46	ZÜRICH	83	LUGANO
47	GENÈVE	84	PFÄFFIKON SZ
48	BRUNNEN	85	ZÜRICH
49	OUCHY	86	SUSTENPASS
50	ZÄZIWIL	87	SUSTENPASS
51	ZÜRICH		

SÉQUENCES / BILDFOLGEN

24 La photographie, un questionnement permanent
   Die Photographie, ein fortwährendes Fragen

40 Regards croisés
   Getauschte Blicke

56 Déambulations nocturnes
   Nächtliche Streifzüge

72 De la plaine aux Alpes
   Vom Flachland zu den Alpen

89 *Coda*

Né en 1936 à Lausanne, Luc Chessex obtient son diplôme de photographe en 1958. En 1961 il se rend à Cuba, où il travaillera successivement pour le Consejo Nacional de Cultura et la revue *Cuba Internacional.* De 1971 à 1975, il couvre de nombreux pays latino-américains pour l'agence Prensa Latina. Etabli à Lausanne depuis 1975, en tant que photographe indépendant, il a effectué de nombreux reportages en Suisse et à l'étranger dont plusieurs pour le compte du CICR, aux Malouines, au Moyen-Orient et plus particulièrement en Afrique. Il a dédié une partie de ses activités à l'enseignement de la photographie: Université de Genève, Ecole cantonale d'art de Lausanne, Ecole de photographie d'Yverdon. De son séjour latino-américain, il a ramené quantité de photographies dont une sélection a fait l'objet d'une exposition au Musée des arts décoratifs de Lausanne en 1977, sous le titre: «Quand il n'y a plus d'Eldorado». Il a exposé à Cuba, au Venezuela, en Angleterre, en Grèce et en Suisse. Ses photographies ont été publiées dans de nombreuses revues: *Camera, Du, HQ, 8/10...*

Luc Chessex wird 1936 in Lausanne geboren und erwirbt 1958 sein Photographendiplom. 1961 reist er nach Kuba, wo er nacheinander für den Consejo Nacional de Cultura und die Zeitschrift *Cuba Internacional* tätig ist. Von 1971 bis 1975 berichtet er aus zahlreichen lateinamerikanischen Ländern für die Agentur Prensa Latina. Seit 1975 lebt er als freischaffender Photograph in Lausanne, von wo aus er zahlreiche Reportagen in der Schweiz und im Ausland unternimmt, davon mehrere für das IKRK, auf den Falklandinseln, im Mittleren Osten und besonders in Afrika. Einen Teil seiner Zeit widmet er dem Unterricht der Photographie an der Universität Genf, der Kantonalen Kunstgewerbeschule Lausanne und der Photographenschule Yverdon. Eine Auswahl seiner Bilder aus Lateinamerika wird 1977 unter dem Titel «Eldorado gibt's nicht mehr» im Musée des arts décoratifs von Lausanne ausgestellt. Weitere Ausstellungen in Kuba, Venezuela, England, Griechenland und der Schweiz. Seine Photographien werden in zahlreichen Zeitschriften veröffentlicht: *Camera, Du, HQ, 8/10...*

LIVRES/BÜCHER

1966 *Cherchez la femme,* Editorial Nacional, La Havane, Cuba.

1969 *Le visage de la révolution,* Lutz Verlag, Zurich.
Das Gesicht der Revolution, Lutz Verlag, Zürich.

1971 *Nous ne voulons pas d'un monde où la garantie de ne pas mourir de faim s'échange contre le risque de mourir d'ennui.*
Wir wollen nicht eine Welt, in der die Garantie, nicht vor Hunger zu sterben, sich einhändeln lässt gegen das Risiko, vor Langeweile zu sterben, Lutz Verlag, Zürich.

1982 *Quand il n'y a plus d'Eldorado.*
Eldorado gibt's nicht mehr, Lutz Verlag, Zürich.

FILM

1980 *Quand il n'y a plus d'Eldorado,* film couleurs 16 mm, 59 minutes, en collaboration avec Claude Champion et Jacques Pilet.
Eldorado gibt's nicht mehr, 16 mm Farbfilm, 59 Minuten, Mitarbeiter: Claude Champion und Jacques Pilet.

Les photographies de ce livre ont été prises avec des appareils Nikon équipés d'objectifs Nikkor de 20, 24, 28, 35, 50, 105 et 300 mm.
Die Aufnahmen dieses Buches wurden mit Nikon Kameras gemacht, die mit Nikkor Objektiven von 20, 24, 28, 35, 50, 105 und 300 mm Brennweite ausgerüstet waren.

Pour leur participation active et amicale à ce projet, je tiens à remercier tout particulièrement Nicolas Bouvier, Charles-Henri Favrod, Jean Genoud, Isabelle Guisan, Werner Jeker, Philippe Lambelet, Rosmarie Lippuner, Hugo Lötscher, Hans Rudolf Lutz, Guido Magnaguagno, Jean-Marc Payot, Allan Porter et Jacques Scherrer.
Je suis reconnaissant à l'Office fédéral de la Culture et à l'Etat de Vaud qui ont soutenu ce projet d'emblée et m'ont permis de le réaliser.

Für ihre aktive und freundschaftliche Mitwirkung an diesem Projekt danke ich ganz besonders Nicolas Bouvier, Charles-Henri Favrod, Jean Genoud, Isabelle Guisan, Werner Jeker, Philippe Lambelet, Rosmarie Lippuner, Hugo Lötscher, Hans Rudolf Lutz, Guido Magnaguagno, Jean-Marc Payot, Allan Porter und Jacques Scherrer.
Mein Dank gebührt dem Bundesamt für Kulturpflege und dem Kanton Waadt, die mein Vorhaben von Anfang an unterstützt und seine Verwirklichung ermöglicht haben.

L'éditeur exprime sa vive gratitude à la Fondation Pro Helvetia et au Service des Affaires culturelles de la Ville de Lausanne pour l'aide qu'ils ont apportée à la publication du livre.

Der Verlag dankt der Stiftung Pro Helvetia und der Kulturabteilung der Stadt Lausanne für ihre Hilfe bei der Veröffentlichung des Buches.

Cette publication accompagne l'exposition «Swiss Life» au Musée des arts décoratifs de Lausanne (29 septembre-15 novembre 1987) et au Kunsthaus de Zurich (12 décembre 1987-24 janvier 1988).

Diese Veröffentlichung begleitet die Ausstellung «Swiss Life» im Musée des arts décoratifs, Lausanne (29. September-15. November 1987) und im Kunsthaus Zürich (12. Dezember 1987-24. Januar 1988).

Conception, mise en pages/Gestaltung, Ausstattung: Luc Chessex

Traduction en allemand/Übersetzung aus dem Französischen: Rolf Gaensslen

Conception graphique de la couverture/Graphische Gestaltung des Umschlages: Werner Jeker

Photolithos, composition et impression/Photolithos, Satz und Druck: Jean Genoud SA, Lausanne

Reliure/Buchbinderei: Mayer et Soutter SA, Renens